Hallo!

In der Geschichte findest du an einigen Stellen Profifragen zum Text.

Deine Antworten kannst du mit einem Lesezeichen überprüfen. Das kannst du hinten aus dem Buch herausnehmen.

Es ist dein Lösungsschlüssel!

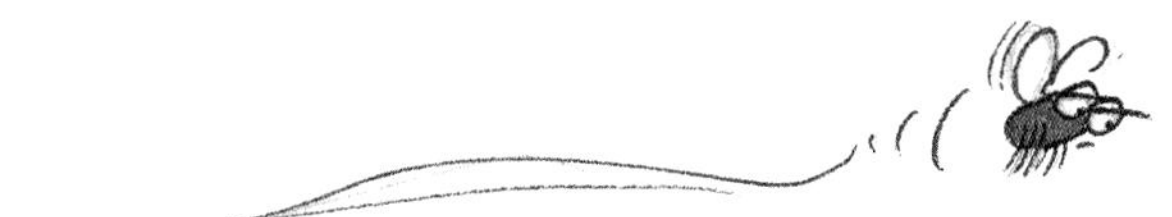

Erschienen bei FISCHER Duden Kinderbuch

Fachberatung: Ulrike Holzwarth-Raether
Gestaltungskonzept: Farnschläder & Mahlstedt, Hamburg
Layout: Michelle Vollmer, Mainz
Umschlagkonzept: Frauke Schneider, Wittighausen
Umschlaglayout: Mischa Acker, Brühl

Druck und Bindung:
Grafisches Centrum Cuno GmbH & Co. KG, Calbe
Printed in Germany
ISBN 978-3-7373-3421-1

Leseprofi

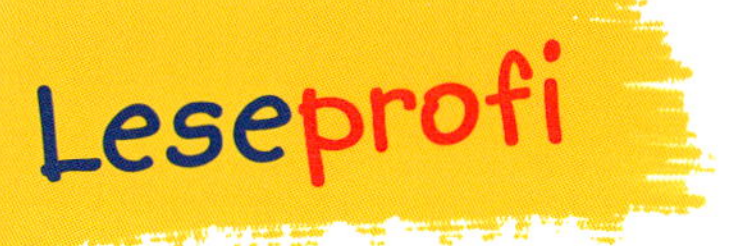

Hexen will gelernt sein

Manfred Mai

mit Bildern von Stephan Pricken

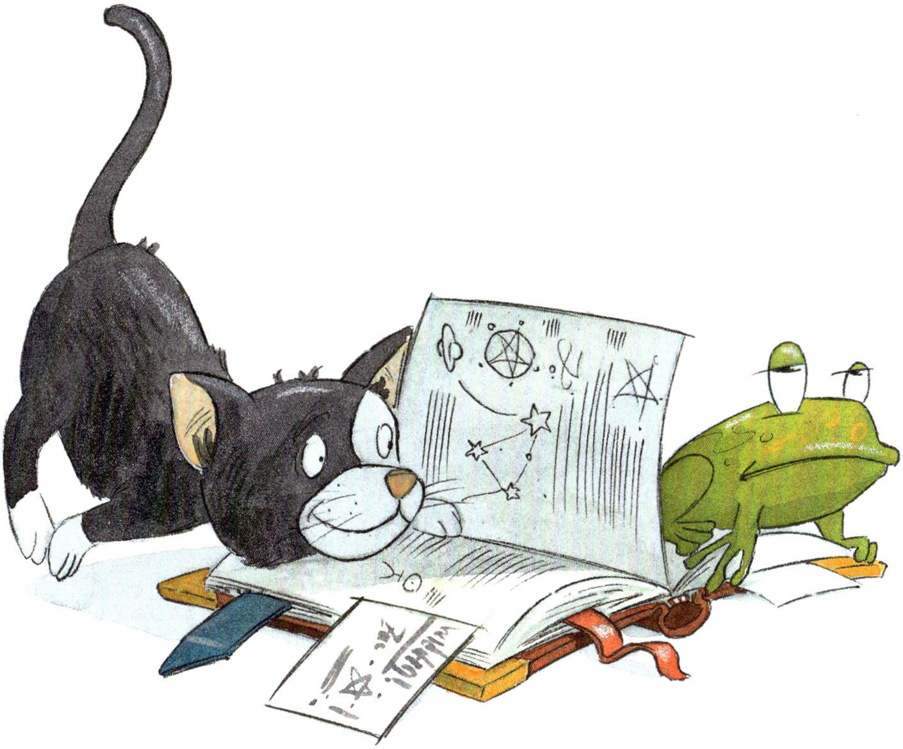

FISCHER Duden Kinderbuch

Inhalt

Hexen will gelernt sein

Amelie feiert Geburtstag.
Sieben Kerzen brennen
auf der großen Torte.

Amelie pustet sie aus.
Geschafft!
Ihre Freunde und Mama
klatschen in die Hände.
Dann packt Amelie
die Geschenke aus.
Ein Buch ist dabei
und ein Poesiealbum.

Profifrage 1

Was hat Amelie geschenkt bekommen?

- ein Poeseialbum
- ein Peosiealbum
- ein Poesiealbum

Beim letzten Päckchen
murmelt Amelie etwas.
Sie wünscht sich so sehr,
dass ein Kätzchen drin ist!

Amelie strahlt
über das ganze Gesicht.
Ihr größter Wunsch
ist in Erfüllung gegangen!

„Ein Kätzchen?“,
wundert sich Mama.
„Aber ich habe doch
einen Stoffbären eingepackt.“

„Wie kann dann ein Kätzchen herauskommen?“, fragt ein Kind.

„Hm“, macht Mama, „ich habe da einen Verdacht.“

„Was für einen Verdacht?“, will ein anderes Kind wissen. Aber Mama verrät nichts.

Sie zwinkert Amelie
nur verschwörerisch zu.
„Meinst du, ich bin jetzt …“
„Pssst!“, macht Mama.

Nachdem alle Kinder weg sind, sagt Mama zu Amelie: „Seit heute bist du eine kleine Hexe, mein Schatz.“

„Wirklich?“, fragt Amelie.
Mama nickt. „Das Kätzchen
ist der Beweis.“
Amelie fällt Mama um den Hals.

Und nur wenig später
fliegen sie auf Mamas Besen
in den Hexenwald!

Die Oberhexe Cleodie kommt
aus ihrem Hexenhaus.
Sie hat einen Besen
in der Hand.

„Sieben Jahre bist du jetzt“,
sagt Cleodie feierlich
und übergibt Amelie den Besen.

Profifrage 2

Woher hat Amelie ihren Hexenbesen?

- von der Oberhexe 

„Damit er fliegt, musst du das Zauberwort sagen“, erklärt Cleodie.
„Es lautet: Filiwupps.“

- aus dem Hexenhaus
- von ihrer Mutter

Amelie schaut Mama an.
Die nickt ihr aufmunternd zu.
Da setzt sich Amelie
auf den Besen.

„Filiwupp“, sagt sie leise.
Der Besen ruckelt wie wild
und Amelie landet im Gras.

„Du blöder Besen, du!“,
schimpft Amelie.
„Der Besen ist nicht blöd“,
sagt die Oberhexe.

„Warum hat er mich dann abgeworfen?“, fragt Amelie.
„Weil du Filiwupp statt Filiwupps gesagt hast.“

Profifrage 3

Wie heißt das Zauberwort zum Fliegen?

- Fidibus
- Filiwupps
- Fidelbumm

Amelie versucht es
noch mal:
„Filiwupps.“
Kaum hat sie es
ausgesprochen,
schon fliegt der Besen.

Ganz schön wackelig ist das!
Amelie kann sich kaum halten.
Aber nach ein paar Runden
klappt es schon recht gut.

Alleine fliegen
ist viel schöner,
als bei Mama mitzufliegen!

„Amelie!“, ruft Cleodie.
„Komm wieder herunter!“
Amelie drückt den Besen
nach unten und landet sicher.

„Jetzt bekommst du noch ein großes Zauberbuch“, sagt die Oberhexe.

Profifrage 4

Was bekommt Amelie von der Oberhexe geschenkt?

- ein Zauberbuch
- ein Zaubertuch
- einen Zauberspruch

„Da steht alles drin,
was du wissen musst,
um eine gute Hexe zu werden."
Amelie freut sich riesig.

Zu Hause probiert sie
das Zauberbuch gleich aus:
„Hokuspokus, Krötenkuss,
die Mütze soll fliegen!“

Stattdessen fällt
die Lampe von der Decke.
Oje, Amelie muss wohl
noch viel üben.

Später versteckt sie das Buch.
Denn außer Mama
darf niemand wissen, dass
sie eine Hexe ist. Leider!

Nur das Kätzchen weiß es.
Vergnügt springt es
auf Amelies Schulter
und schnurrt.

Für Vollprofis

Jetzt ist die Geschichte zu Ende.
Hier geht's mit Rätseln für Vollprofis weiter!
Die Lösungen findest du ab Seite 43.

1. Welcher Kuchen ist Amelies Geburtstagskuchen?

2. Wie oft findest du die  in der Geschichte?

☐ -mal

3. Kannst du die Lesepyramide weiterbauen?

O
Ober
Oberhe
Oberhexen
Oberhexenü
Oberhexenüber
Oberhexenüberra
Oberhexenüberraschungs
Oberhexenüberraschungsge
Oberhexenüberraschungsgeschenk

____

____

4. Wer sagt den Zauberspruch?

Hokuspokus,
Krötenkuss,
die Mütze
soll fliegen!

5. Ja oder nein?

	ja	nein
Die Lampe geht an.		
Die Lampe fliegt weg.		
Die Lampe fällt von der Decke.		
Die Lampe rührt sich nicht.		

6. Sieh dir das Bild auf Seite 18 an. Findest du die Unterschiede?

7. Worüber stolperst du?

Dann packt Amelie eine die Geschenke aus.

Amelie laut fällt Mama um den Hals.

Amelie strahlt über rot das ganze Gesicht.

Ihr größter Wunsch im ist in Erfüllung gegangen.

8. Was steht nicht auf dem Geburtstagstisch?

Für Vollprofis

8. Was haben Amelie und ihre Mama miteinander?

Herzlichen Glückwunsch!

Geschafft. Jetzt bist du ein echter Leseprofi! Noch mehr spannende Bücher findest du unter www.duden-leseprofi.de

1.  ☐  ☒  ☐

2. 18 -mal

3.

O
Ober
Oberhe
Oberhexen
Oberhexenü
Oberhexenüber
Oberhexenüberra
Oberhexenüberraschungs
Oberhexenüberraschungsge
Oberhexenüberraschungsgeschenk
Oberhexenüberraschungsgeschenkpa
Oberhexenüberraschungsgeschenkpapier

oder
Oberhexenüberraschungsgeschenki
Oberhexenüberraschungsgeschenkidee

4. 

5.

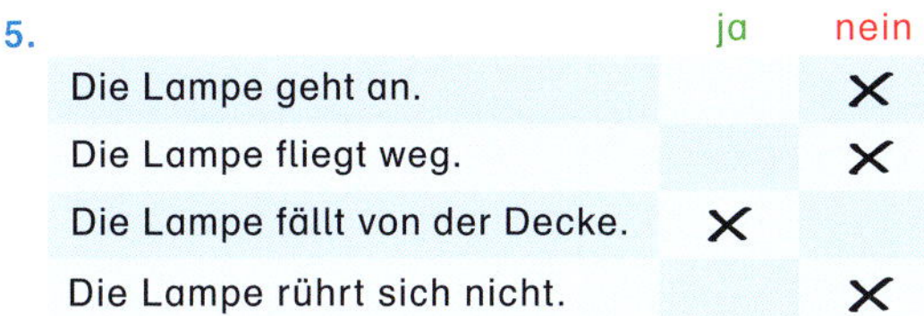

	ja	nein
Die Lampe geht an.		X
Die Lampe fliegt weg.		X
Die Lampe fällt von der Decke.	X	
Die Lampe rührt sich nicht.		X

Lösungen

6.

7. Dann packt Amelie ~~eine~~ die Geschenke aus.

Amelie ~~laut~~ fällt Mama um den Hals.

Amelie strahlt über ~~rot~~ das ganze Gesicht.

Ihr größter Wunsch ~~im~~ ist in Erfüllung gegangen.

8.

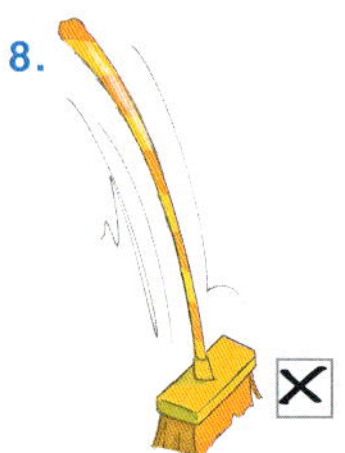

9. ein Geheimnis

Leseprofi von Duden – von Anfang an richtig

1. Klasse

Jeweils 48 Seiten, gebunden.

- Ein Fohlen geht zur Schule
  ISBN 978-3-7373-3359-7
- Die total verrückte Schrumpf-Maschine
  ISBN 978-3-7373-3350-4
- Allerbeste Freundin gesucht
  ISBN 978-3-7373-3375-7
- Anpfiff mit Hindernissen
  ISBN 978-3-7373-3356-6

2. Klasse

Jeweils 64 Seiten, gebunden.

- BMX und sonst nix!
  ISBN 978-3-7373-3374-0
- Ein Delfin für Theo
  ISBN 978-3-7373-3381-8
- Die Reise der Eisprinzessin
  ISBN 978-3-7373-3306-1
- Mbongis Weg zur Schule
  ISBN 978-3-7373-3349-8

Alle Duden Leseprofis finden Sie unter
www.duden-leseprofi.de

Das Lesezeichen ist dein Lösungsschlüssel für die Profifragen!

Für jede Antwort findest du ein Puzzleteil.

Wenn es zum Puzzle auf dem Lesezeichen passt, ist die Antwort richtig!